CARTILHA

Caminhos da ALFABETIZAÇÃO

CALIGRAFIA

ATIVIDADES DE REFORÇO

DIREITA E ESQUERDA

O GAROTINHO ESTÁ SEGURANDO UMA PIPA VERMELHA NA MÃO **ESQUERDA** E UMA AZUL NA MÃO **DIREITA**.

CIRCULE O PASSARINHO QUE ESTÁ À ESQUERDA DO NINHO E FAÇA UM X AO LADO DO PASSARINHO QUE ESTÁ À DIREITA DO NINHO.

AGORA, DESCREVA EM VERMELHO A TRAJETÓRIA DO VOO QUE O PASSARINHO FEZ PARA POUSAR À **ESQUERDA** DO NINHO, LIGANDO OS TRACEJADOS, E EM AZUL PARA IDENTIFICAR O VOO DO PASSARINHO QUE ESTÁ À **DIREITA** DO NINHO.

EM CIMA E EMBAIXO

A CORUJA VERMELHA ESTÁ **EM CIMA** DO GALHO.
A CORUJA AZUL ESTÁ **EMBAIXO** DO GALHO.

1 - DESCREVA EM **VERDE** A TRAJETÓRIA DO VOO DA CORUJINHA QUE POUSOU **EM CIMA** DO GALHO, LIGANDO OS TRACINHOS.

2 - DESCREVA EM **ROXO** A TRAJETÓRIA DO VOO QUE A CORUJINHA FEZ PARA POUSAR **EMBAIXO** DO GALHO, LIGANDO OS TRACINHOS.

DENTRO E FORA

1 - O GATINHO MARROM PULOU PARA **DENTRO** DA CAIXA. COMPLETE O MOVIMENTO QUE ELE FEZ LIGANDO OS TRACINHOS.

2 – O GATO AMARELO ESTÁ BRINCANDO **FORA** DA CAIXA COM O NOVELO. LIGUE OS TRACINHOS PARA ENROLAR O NOVELO.

VAMOS EXERCITAR A ESCRITA? NAS PRÓXIMAS PÁGINAS, VOCÊ VAI PRATICAR A CALIGRAFIA DAS LETRAS MAIÚSCULAS E MINÚSCULAS DO ALFABETO COM A LETRA CURSIVA. DEIXE A MÃO BEM MOLINHA!

Abacaxi

Bolo

COMER FRUTAS FAZ BEM PARA A SAÚDE!
SIGA A LEGENDA PARA PINTAR AS FRUTAS ABAIXO.

USE AS CORES LARANJA E VERDE PARA PINTAR A FRUTA QUE COMEÇA COM A LETRA "**A**".

USE A COR AMARELA PARA PINTAR A FRUTA QUE COMEÇA COM A LETRA "**B**".

USE AS CORES VERMELHA E VERDE PARA PINTAR A FRUTA QUE COMEÇA COM A LETRA "**C**".

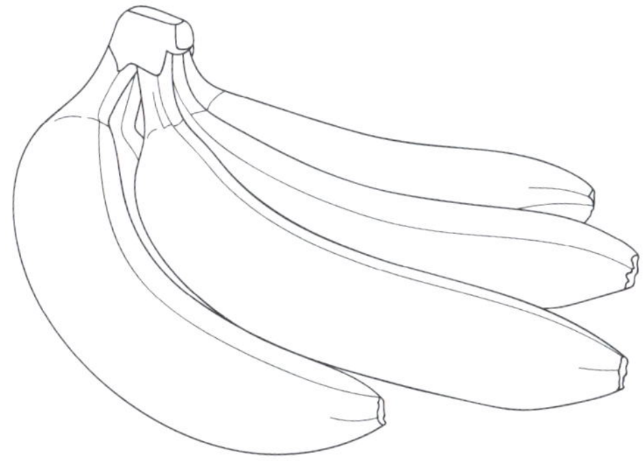

Dado

Ema

COMPLETE OS DESENHOS DAS FLORES. DEPOIS, PINTE DE VERMELHO A FLOR MAIOR E DE AZUL A FLOR MENOR.

Galo

Hiena

CUBRA OS DESENHOS DAS DUAS ILHAS.
DEPOIS, PINTE A FIGURA QUE ESTÁ À SUA **ESQUERDA**.

janela

Kiwi

PINTE COM A COR ROXA O LIVRO QUE ESTÁ **EM CIMA** DA PILHA DE LIVROS.
USE A COR VERDE PARA COLORIR O LIVRO QUE ESTÁ **EMBAIXO**.
POR ÚLTIMO, PINTE DE LARANJA O LIVRO QUE ESTÁ ENTRE OS DOIS.

Maçã

Navio

LIGUE OS PONTOS PARA COMPLETAR O DESENHO. DEPOIS, CAPRICHE NA PINTURA E CIRCULE O ÚNICO OVO QUE ESTÁ **FORA** DO NINHO.

Pato

Quati

Rato

COMPLETE OS DESENHOS DOS ROBÔS. DEPOIS, PINTE DE AZUL O ROBÔ MAIOR E DE VERDE O MENOR.

Sapo

Tucano

CUBRA OS TRACEJADOS PARA COMPLETAR O DESENHO DO CACHO DE UVA. DEPOIS, PINTE SOMENTE O CACHO DE UVA QUE ESTÁ **NA FRENTE**.

Vaca

Waffle

PINTE O XILOFONE CONFORME A LEGENDA.

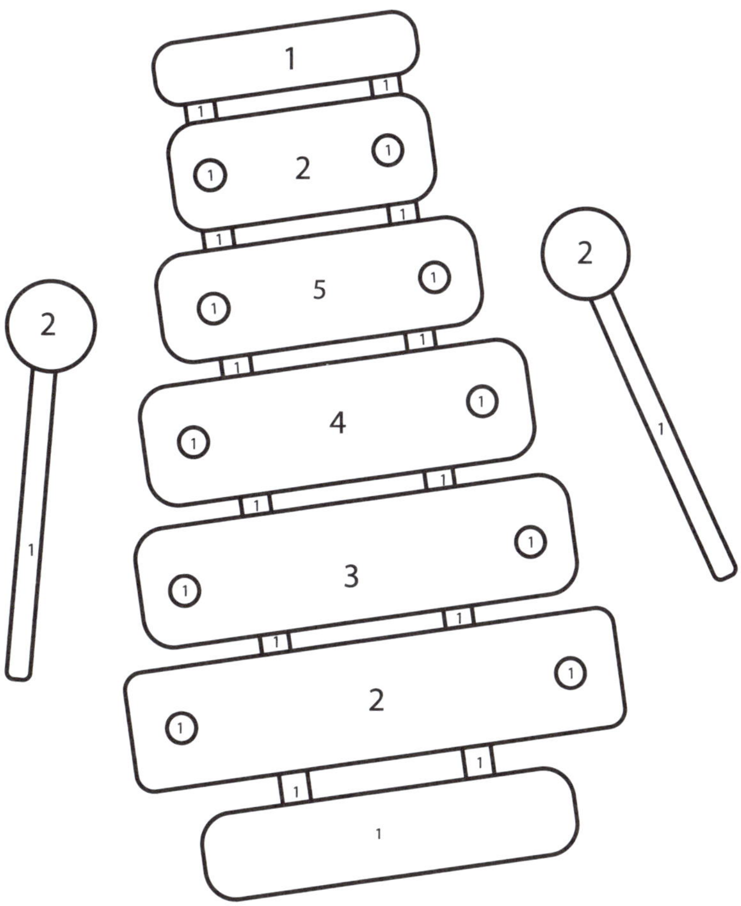

1 – AMARELO
2 – VERMELHO
3 – AZUL
4 – VERDE
5 – ROXO
6 – LARANJA

Yakisoba

Zebra

AGORA, PINTE SOMENTE AS LETRINHAS QUE ESTÃO NO SEU NOME.

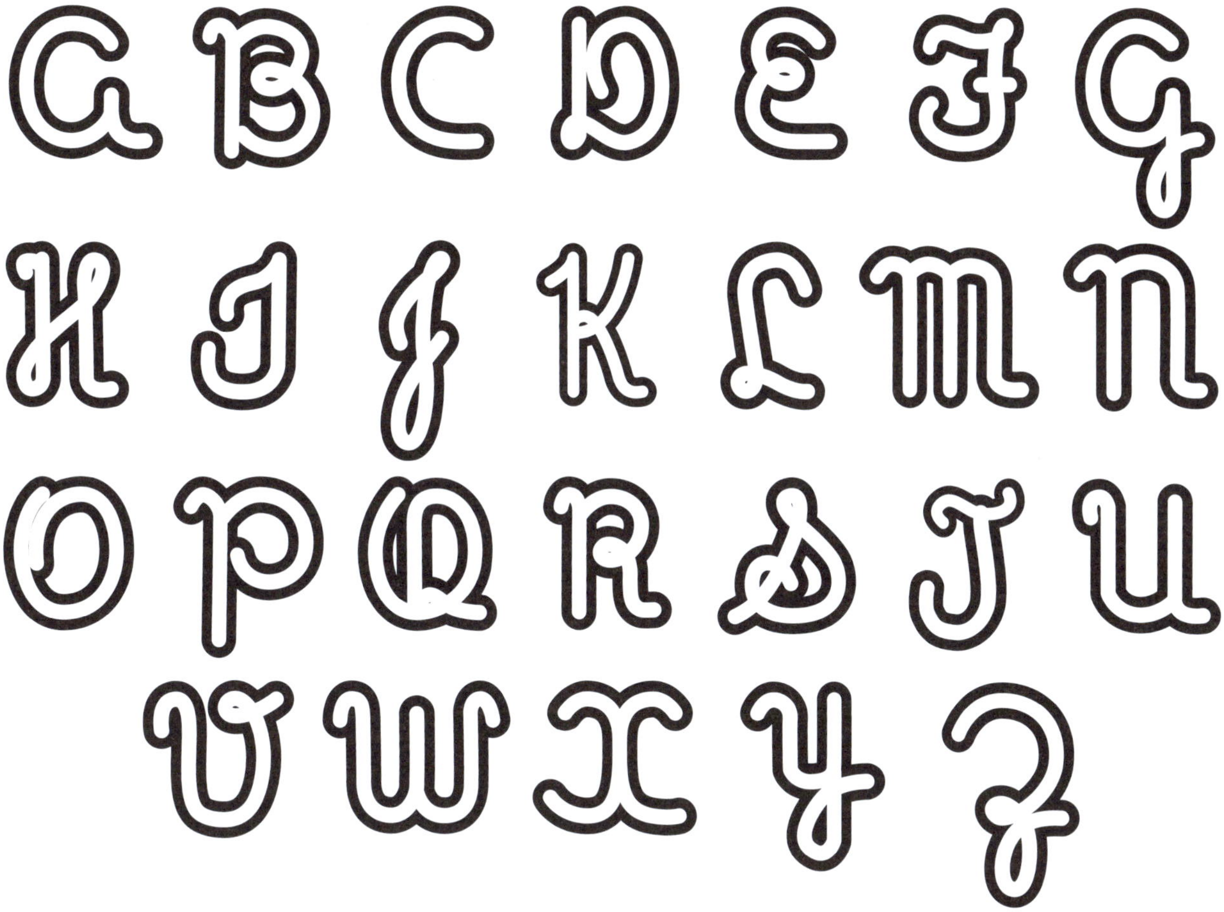

COMPLETE SOMENTE AS VOGAIS CONFORME O MODELO À ESQUERDA.

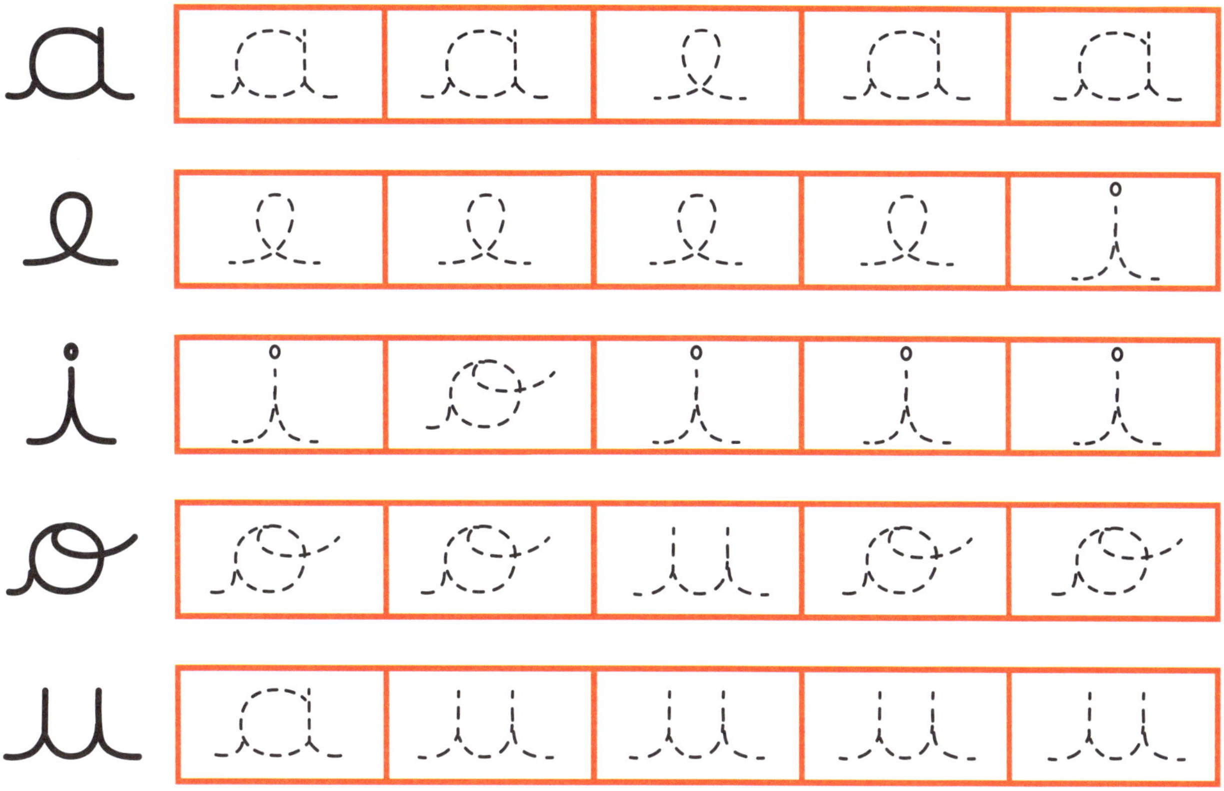

1– PINTE PRIMEIRO O DESENHO QUE TEM O NOME INICIADO COM A LETRA EM DESTAQUE.

2– PINTE OS DEMAIS DESENHOS E ESCREVA A LETRA INICIAL DO NOME DE CADA UM.

a

J

p

c

ASSOCIE CADA DESENHO À LETRA INICIAL DO NOME DELE.

R 

U 

F 

B 

H 

B 

A 

**PARABÉNS! VOCÊ APRENDEU DIREITINHO.
AGORA, PASSE O LÁPIS PELOS TRACINHOS PARA CONTORNAR
TODAS AS LETRINHAS DO NOSSO ALFABETO!**

Aa	Bb	Cc	Dd
Ee	Ff	Gg	Hh
Ii	Jj	Kk	Ll
Mm	Nn	Oo	Pp
Qq	Rr	Ss	Tt
Uu	Vv	Ww	Xx
Yy	Zz		